RÉFLEXIONS

SUR

LE PROCÈS

DE M. J. ESNEAUX.

RÉFLEXIONS

SUR

LE PROCÈS

DE M. J. ESNEAUX,

POURSUIVI PAR LE MINISTÈRE PUBLIC, COMME AUTEUR D'UNE BROCHURE INTITULÉE : *Réflexions sur le Procès de M. A. C. Scheffer*, AUSSI POURSUIVI PAR LE MINISTÈRE PUBLIC POUR UNE BROCHURE INTITULÉE : *De l'État de la liberté en France* ;

PAR F. DE COMBEROUSSE,

AUTEUR *de la Revue politique en 1817, etc.*

PARIS,

F. SCHERFF, Libraire, Commissionnaire pour la Suisse place du Louvre, n° 12;
DELAUNAY, Libraire, Palais-Royal;
PÉLICIER, Libraire, Palais-Royal;
Mad. LADVOCAT, Libraire, au Palais-Royal;
MONGIE aîné, Libraire, boulevard Poissonnière;
Et à Genève, chez MANGET et CHERBULIEZ, Libraires

—

1818.

De l'Imprimerie de madame Jeunehomme Crémière,
rue Hautefeuille, n° 20.

RÉFLEXIONS

SUR

LE PROCÈS

DE M. J. ESNEAUX.

L'ÉTRANGER, la famine, les troubles civils, le fanatisme religieux, les impôts excessifs, les tribuls révoltans, enfin, l'esclavage de la presse!..... O France! ô mon pays! tu ressembles à l'antique Égypte; comme elle tu es dévorée par sept plaies!

L'une d'elles paraissait vouloir se fermer. A l'abri de la session présente, les écrivains politiques, assez maltraités pendant l'absence des chambres, jouissaient de quelque repos.

Leurs plumes, qui devaient aller jusqu'à la hardiesse pour n'être cependant qu'utiles , et qui, par l'étrange situation des choses, semblaient multiplier les épigrammes en ne répandant que de simples vérités , évitaient d'elles-mêmes la licence, parce qu'on ne resserrait plus les limites d'une sage liberté.

Les Chevalier , les Comté, les Dunoyer, vaincus dans une lutte qui est toujours inégale, mais où la gloire capricieuse passe quelquefois du côté de la défaite, rentraient, portés par l'opinion publique, dans la société que leur patriotisme avait fait vœu d'éclairer. Enchaînés pour avoir trop tôt voulu que nous fussions libres, ces jeunes écrivains, sans insulter à la loi, en s'applaudissant de leurs fautes, n'en ressentaient pourtant aucuns remords. Les regards de la patrie s'étaient fixés avec complaisance sur la prison de ces nobles coupables. L'autorité vigilante avait plutôt voulu les avertir que les flétrir. La Justice elle-même, forcée d'admirer leur généreuse impatience, ne les avait frappés, en se jouant, que du bout de son glaive, et l'atteinte fût si légère, qu'un parti furieux prit cette correction pour une caresse; caresse sévère, il est vrai, mais seule digne d'une Divinité qui pèse tous les jours, dans sa balance, la vie et l'honneur des citoyens.

Les idées constitutionnelles venaient de remporter une grande victoire. Les écrivains, qui n'ont pas d'autre boussole que la charte, étaient parvenus à faire adopter, même par messieurs les procureurs du roi, une ligne de démarcation bien distincte entre le souverain et ses ministres.

Qui donc a pu vouloir changer cet heureux état de choses? Pourquoi l'indulgence est-elle passée comme une ombre?

Si j'étais dans l'intimité des ministres, peut-être ils me diraient : nous ne nous sommes jamais écartés un seul instant de notre système. Avant la session actuelle, nous prétendions qu'on n'écrivît que pour nous et par nous; nous le voulons encore aujourd'hui. Ceux qui ont été abusés par le moment de relâche dont nous avons fait jouir la presse, sont des ignorans en politique. Il faut leur apprendre que toutes les fois qu'on ménage et qu'on flatte le peuple, c'est pour lui dérober un débris de pouvoir; que ce qui paraît concession n'est souvent que piéges adroits.

Nous voulions l'asservissement des journaux, nous le voulions à tout prix; c'est pour cela que nous avons laissé passer deux éditions du *Cri des peuples* et le second numéro du *Don Quichotte politique*. Nous avons eu l'adresse de diviser une loi en deux lois, et de faire adopter la dernière, *la première*. Vu l'urgence, on conviendra qu'une pareille opération suppose un certain mérite.

Mais si une fois maîtres des journaux, nous avions feint, et cela par pudeur, d'attacher la même importance à l'asservissement des brochures; si nous avions nous-mêmes fait combattre, par nos amis, *cette partie métamorphosée en tout*, afin de nous donner le plaisir de l'offrir en holocauste à la foule aveuglée, et de faire retomber, de droit, nos administrés sous l'empire de la précédente loi dont la sévérité n'a rien de transitoire, penseriez-vous qu'on pût nous taxer avec justice d'impéritie et d'inconséquence?

Maintenant donc que nous avons emporté de vive force la loi sur les journaux, et que, sous l'apparence d'une défaite, nous nous sommes ménagé toutes les jouissances d'un second triomphe, pourquoi voudrait-on nous voir déguiser encore notre caractère; qu'on attende au moins que nous apercevions un nouveau débris de pouvoir à dérober au peuple (1).

A ces raisons anssi claires que le jour, on pourrait peut-être répliquer; mais le respect me ferme la bouche, et je me déclare convaincu que le ministère est toujours le même.

Tout a repris son cours ordinaire; les saisies recommencent; les procès se multiplient; les prisons s'ouvrent; la Justice répare le temps perdu. Quelques ouvrages avaient évité sa balance; on ne s'est douté qu'ils dépassaient le poids qu'à la troisième édition (2).

Cinq auteurs déjà, dont plusieurs ont réclamé, prennent rang parmi les écrivains dangereux. Voilà de la besogne pour messieurs les procureurs du roi. Bon gré, malgré

---

(1) Comme plusieurs causes différentes produisent souvent le même résultat, et qu'on peut donner à la même chose plusieurs interprétations raisonnables, j'ai hasardé la mienne; mais je suis loin d'affirmer que c'est la meilleure.

(2) On vient de saisir la troisième édition du *Cri des peuples,* par M· Alexandre *Crevel.*

(en supposant qu'ils ne le sachent pas), il faudra bien qu'ils apprennent leur métier (1).

M. *Scheffer*, avantageusement connu par plusieurs brochures politiques, où, tout étranger qu'il est, il prouve qu'il a des droits incontestables au titre de Français, le premier a donné l'éveil à l'autorité (2).

Le second auteur dont on a saisi l'ouvrage intitulé l'*Homme gris*, est un anonyme qui n'a pas réclamé : il s'est tenu pour effrayé. Je n'en dirai presque rien. Son exemple serait dangereux s'il avait du talent (3).

---

(1) Il y en a un , M. de *Vatiménil*, qui a eu la bonne foi de convenir dans le procès , je crois, de MM. Comte et Dunoyer, qu'il n'entendait rien aux matières politiques.

(2) Ce jeune auteur a été supérieurement défendu, d'abord au tribunal par M. *Mérilhou*, avocat célèbre, aussi recommandable par son caractère que par son talent, qu'il semble avoir exclusivement voué à la défense des écrivains malheureux ; ensuite par les rédacteurs des lettres normandes (1re livraison, tome 2). L'opinion publique leur accorde un rang honorable parmi les publicistes estimables et courageux.

(3) Le lecteur me saura gré sans doute de reproduire ici à ce sujet, quelques observations de M. *Benjamin*

Je me bornerai à faire observer qu'on ne doit pas craindre de soutenir ce qui déplaît aux ministres, si, du reste, on peut être utile au prince et à la nation.

Le troisième auteur, dans l'ordre des saisies, est le rédacteur du *Courrier des Chambres.* Quant à celui-ci, on ne sait point quel parti

---

Constant, qui fait *jurisprudence* en politique. Il dit page 5o des Annales de la session de 1817 à 1818:

Ce n'est point par un jugement que l'auteur, irréprochable dans ses intentions, sera déclaré innocent; c'est au contraire pour récompenser l'auteur, peut-être coupable, de ce qu'il n'insiste pas sur un jugement, qu'on le traite comme si son innocence était reconnue. L'indulgence est mise à ce prix. La loi menaçante est devant l'auteur pour le faire reculer jusqu'au désaveu, sous peine de poursuites; elle le sollicite de sacrifier le droit d'être jugé, droit sacré qui appartient à tous les hommes; elle le paie d'y avoir renoncé.

Etrange jurisprudence ! D'ordinaire on sait gré aux accusés de se présenter devant les tribunaux. La comparution volontaire est considérée comme un indice de la bonté d'une cause. Sa fuite est une présomption de culpabilité. Ici la loi exhorte pour ainsi dire les accusés à fuir devant elle. Sa rigueur est réservée pour ceux qui l'invoquent, et ce sont en quelque sorte les contumaces qui obtiennent sa faveur.

il eût pris. Toutefois l'autorité complaisante lui a épargné le *courage* de réclamer. Je ne veux point dire par là qu'il en eût manqué, mais, comme au jeu terrible de la Justice, on en est encore à la série des condamnations, il est peut-être permis d'y regarder à deux fois avant d'exposer, non son argent, mais sa liberté.

S'il est des brochures qui embarrassent quelquefois l'autorité, parce qu'on n'aperçoit aucun nom sur leur titre, celle-ci tient la Justice en perplexité, parce qu'elle est attribuée tour à tour à différens auteurs.

J'arrive enfin au quatrième auteur (1), M. J, *Esneaux*, dont on a saisi l'ouvrage intitulé *Réflexions sur le procès de M. A. C. Scheffer*, *poursuivi par le ministère public, comme auteur d'un ouvrage intitulé de l'Etat de la liberté en France*. C'est dans son intérêt que je hasarde cette brochure.

-----

(1) Je ne parlerai pas du cinquième auteur. S'il réclame, et si son affaire est portée devant les tribunaux, je me propose de prendre son procès pour texte de quelques nouvelles réflexions.

Etait-il l'ami de M. *Scheffer*? NON. (1)

Lui était-il attaché par quelque lien, comme celui de la reconnaissance, par exemple? Pas davantage. Qui donc a pu l'exciter à rompre une lance en faveur de M. *Scheffer?*

La générosité de son caractère, l'élévation de son ame, et son amour sans bornes pour les principes constitutionnels dont on peut quelquefois faire une fausse application; les petites querelles particulières ont cédé devant des considérations d'un ordre plus élevé.

Et qu'on ne me dise pas que le caractère réel ou présumé d'un citoyen mis en jugement n'influe point sur la décision de la Justice. Je répondrais trop victorieusement en citant un horrible exemple du contraire (2).

M. le procureur du roi a déjà donné ses conclusions dans cette affaire.

Étranger à toutes les subtilités de la chicane,

____

(1) Ils se sont fort peu ménagés l'un et l'autre dans une discussion polémique sur les *armées permanentes*.

(2) M. *Benjamin de Constant*, dans son admirable lettre à M. Odilon-Barnot, sur l'affaire de *Wilfrid Regnault*, condamné à mort, a fait voir jusqu'à quel point on peut être égaré par une aveugle prévention.

je déclare ici que j'aborderai avec franchise etbonne foi lesprincipales charges qui s'élèvent contrele Sieur J. *Esneaux;* je m'efforcerai de les détruire, sans jamais m'écarter du respect dû aux magistrats et à la Justice dont ils sont les représentans.

M. le procureur du roi fait un double crime à M. J. Esneaux d'avoir dit que la loi du 9 novembre *avait précédé de quelques jours le jugement inconstitutionnel et l'exécution à mort de l'infortuné maréchal Ney.* Selon M. le procureur, c'est attaquer, en une seule phrase, une loi consacrée par le prince et un jugement rendu en son nom.

Je ferai observer, 1° que ce n'est pas attaquer une loi que de dire qu'elle a précédé de quelques jours un jugement quelconque ; c'est seulement préciser sa date en la rattachant à une époque mémorable;

2° Que ce n'est pas attaquer le prince que d'émettre l'opinion qu'un jugement est inconstitutionnel : tout se fait au nom du roi; mais il a des ministres responsables sur qui seuls pèsent toutes les *inconstitutionnalités.*

Si le procureur du roi eût avancé que c'était offenser les ministres, il eût trouvé tout

le monde disposé à le croire ; mais , je le ré-
pète , les écrivains qui sentent leur dignité ne
cherchent point à plaire aux ministres ; ils
s'efforcent de les éclairer : investis par la
charte du droit de les avertir de leurs fautes,
ils pensent, en exerçant ce droit précieux,
servir utilement le prince et la nation.

Ce sont les écrivains qui flattent le ministère qu'on devrait mettre en jugement. Les
flatteurs de l'autorité, voilà les vrais séditieux.
Si un trône s'écroule, c'est qu'il a été miné
par la flatterie. Flatter, c'est conspirer.

La doctrine professée par le ministère, qu'attaquer les ministres, c'est attaquer le roi, toute
nouvelle qu'elle est, semble déjà vieille de
deux siècles. Je ne prétends pas dire par là
qu'elle a beaucoup gagné en considération ;
je crois, au contraire, qu'elle s'est usée sans
vieillir. C'est le sort de tout ce qui n'est pas
constitué sur des bases fixes ; ce sera le sort de
toutes les doctrines qui tendraient à ramener
l'arbitraire.

Quant au jugement du maréchal, il ne m'appartient point d'examiner s'il est réellement
inconstitutionnel ; mais il me semble que M. le
procureur du roi aurait dû prendre la peine

de prouver à **M. J.** Esneaux qu'il avait eu
tort de l'appeler *inconstitutionnel*, en lui dé-
montrant qu'aucunes formes protectrices,
voulues par la charte, n'avaient été violées
lors de la formation de la chambre des pairs
en haute cour de justice.

Quand il s'agit de la liberté des citoyens,
pourquoi ne pas apporter l'attention la plus
scrupuleuse, les soins même les plus minutieux
à entourer d'une vive lumière les charges qui
s'élèvent contre un prévenu, afin d'en faire
jaillir la conviction qui doit frapper l'âme des
auditeurs? Mais, Messieurs, les procureurs du
roi suivent une autre marche : beaucoup
d'assertions, presque pas de preuves; ils entas-
sent avec orgueil tous les lieux - communs
d'une éloquence stérile, et déguisent l'indi-
gence de leurs raisonnemens sous la pompe
ambitieuse de quelques figures de rhétorique.

Serait-ce par hasard l'épithète d'*infortuné*,
donnée au maréchal par le sieur Esneaux, qui
aurait soulevé l'indignation du ministère public? Loin de moi cette odieuse pensée! Quoi-
qu'il soit par devoir un ministère de rigueur,
je me refuse à croire que jamais la pitié puisse
lui paraître séditieuse.

Abordons maintenant le second grief, qui au premier coup-d'œil paraîtrait le plus fort de tous. Il s'agit de la protestation de la chámbre des cent jours. Je ne dirai qu'un mot à ce sujet : elle dut protester, par cela même qu'elle était *la chambre des cent jours*. Une pareille protestation n'aurait pu rendre coupable qu'une chambre convoquée par Louis XVIII.

Enfin le troisième et dernier grief est renfermé tout entier dans cette phrase de la brochure saisie : *A l'île d'Elbe, ce fut encore l'opinion qui lui (à Bonaparte) tendit la main et qui le releva de toute sa hauteur.*

Oui, ce fut l'opinion, quelque temps égarée, qui facilita son retour ; il fut préparé par les fautes que le gouvernement du roi avait peut-être commises, fautes que le prince lui-même semble reconnaître, avec une noble franchise, dans une proclamation datée de Cambrai (1) le 28 juin 1815. Ainsi on peut donc, sans qu'il

─────

(1) Revenu sur le sol de la patrie, je me plais à parler de confiance à mes peuples. Lorsque je reparus au milieu d'eux, je trouvai les esprits agités et em-

y ait seulement l'ombre d'un crime, dire que l'opinion égarée passa un moment du côté des drapeaux de l'usurpation, et qu'un acte, *dit additionnel*, la fit sortir de son égarement et la rendit à elle-même.

C'est une singulière déesse que l'opinion : elle atteint les grands et les petits, les rois et leurs procureurs. Une masse de conviction amenée par une masse de faits ne lui laisse-t-elle plus aucun doute, elle s'élève, poursuit tour à tour le vice et le crime, vole de quartier en quartier, révèle enfin à toute une ville les faiblesses et les fautes, les vols et les assassinats. Malheur à ceux contre qui dépose ce témoin irrécusable ! Les craintes et les lâchetés qu'elle inspire au criminel deviennent pour lui les châtimens avant-coureurs de la justice humaine, et de la justice divine. Lorsque la conscience complaisante de l'homme lui fait à peine soupçonner qu'il peut avoir commis un crime,

---

portés par des passions contraires ; mes regards ne rencontraient de toutes parts que des difficultés et des obstacles : *mon gouvernement devait faire des fautes ; peut-être en a-t-il fait.*

l'opinion publique le lui dénonce à lui-même impitoyablement. L'opinion n'a tant de force et de puissance que parce qu'elle est le résultat de toutes les convictions qui empruntent son organe redoutable pour éclater avec unité. L'opinion, enfin, est la conscience *collective* du peuple.

Je crois avoir dégagé les intentions du Sieur J. Esneaux de tout ce qu'elles semblaient présenter d'odieux; je crois les avoir purgées du caractère de sédition qu'on s'est efforcé de leur imprimer; je crois, enfin, avoir rempli une tâche honorable sans dépasser les bornes fixées par la loi.

J'offre avec confiance au public ces réflexions, tracées à la hâte, dans l'espoir de détourner ou de faire modifier la condamnation qui menace un prévenu. Tant qu'il n'est pas jugé, il est innocent; il l'est sur-tout aux yeux de ceux qui, ne sont pas par devoir, accoutumés à grossir les objets pour en faire des épouvantails à l'autorité.

On ne manquera pas de me demander de qui je tiens ma mission. On me dira peut-être que je ne suis point investi, par fonctions et par devoir, du droit sacré de défendre les accusés. On me supposera le défenseur officieux d'une faction. Qui sait même si l'on n'ira pas jusqu'à voir dans mes mains *la prime d'encouragement votée par d'obscurs artisans de discorde*. Que de préventions accumulées sur ma tête ! mais heureusement elles ne seront que le résultat de l'opinion de quelques hommes, opinion *égarée* et du genre de celle qui *tendit la main à Bonaparte*.

Mon ministère à moi, ministère que je me suis créé, pour lequel je n'ai besoin ni de patente, ni de diplôme, est un ministère d'indulgence et de paix. Je ne suis point contraint par le devoir à défendre les malheureux, j'y suis sollicité par le plaisir. Et si, par un renversement d'idées dans l'ordre moral, on était obligé de justifier du droit qu'on avait à faire une bonne action, j'avancerais que c'est peut-être moi que je défends dans l'accusé menacé.

Pour terminer ces réflexions, je me permettrai de citer à l'appui de ma dernière assertion un passage de la lettre de M. Benjamin-Constant, à M. Odillon-Barrot; quand il s'agit de doctrines saines, d'idées lumineuses et philanthropiques, c'est toujours à cet admirable écrivain qu'il faut recourir (1).

« Je ne m'ingère point, pour employer
« les mots en usage, dans ce qui ne me re-
« garde pas. Si Wilfrid-Regnault est innocent,
« la vie d'un innocent regarde tout le monde,
« même dans l'intérêt personnel de tout le
« monde.

« Oui, qui que vous soyez, qui, dans quel-
« ques heures, lirez ces lignes que je trace
« maintenant, songez que vous n'êtes pas
« privilégiés par le sort. Qui vous dit que
« vous n'avez point quelque ennemi qui épie
« une occasion de vous nuire? Qui vous dit
« que votre conduite politique depuis trente
« années, de quelque parti que vous soyez,
« n'a point inspiré à l'un des dépositaires
« nombreux de l'autorité judiciaire une pré-
« vention que vous ignorez? Qui vous dit
« qu'un observateur, dont le nom même vous

____

(1) Le lecteur, à l'aide de quelques changemens, sentira combien cette citation est appropriée à mon sujet.

« est inconnu, ne recueillera pas sur vous
« au hasard quelque anecdote mensongère?
« Qui vous dit enfin que si quelque crime
« se commet à votre insçu , à côté de vous,
« votre ennemi ne saisira pas l'instant pro-
« pice à la calomnie ; que l'autorité ne pré-
« jugera pas votre culpabilité d'après les pré-
« ventions antérieures ; que ces anecdotes
« mensongères que vous méprisez ne seront
« pas exhumées de leur ténébreux asile, pour
« faire foi devant vos juges qui repousseront
« votre réponse comme étrangère à l'accu-
« sation ; et qu'ainsi déshonoré avant l'ins-
« truction ; déclaré , avant le jugement, ca-
« pable du forfait qu'on vous impute , parce
« qu'on vous aura secrètement jugé, sans
« vous entendre, coupable d'autres fautes que
« vous n'avez pas commises; abandonné par
« une opinion trompée, poursuivi par des
« hommes qu'une première erreur rend inexo-
« rables, vous ne vous trouviez sur l'échafaud
« dans un an , dans un mois peut-être? et si
« vous avez opposé la frivolité et la négligence
« à l'infortuné qui vous invoquait, qui se di-
« sait innocent comme vous le direz quand
« vous serez à sa place ; à qui, si ce n'est à

« vous, pourrez-vous attribuer votre destinée?
« Vous aurez, autant qu'il etait en vous, con-
« tribué à corrompre l'opinion publique ;
« vous lui aurez donné l'exemple de l'indiffé-
« rence et du dédain pour la vie des hom-
« mes. »

Tua res agitur, paries cùm proximus ardet.